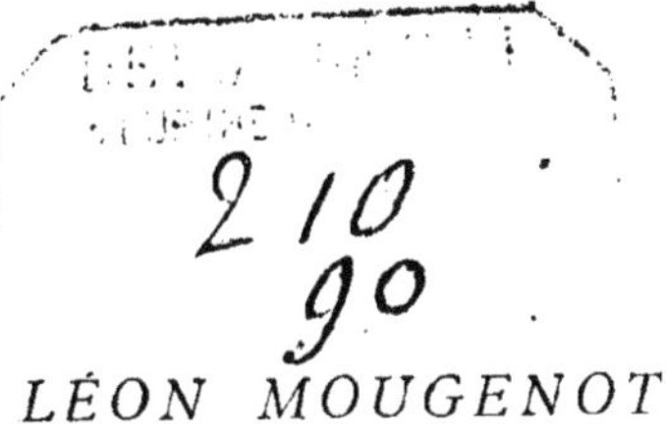

LÉON MOUGENOT

Jeanne d'Arc

A NANCY

ET LA

Chronique de Lorraine

NANCY

IMPRIMERIE BERGER-LEVRAULT ET Cie

11, Rue Jean-Lamour, 11

1890

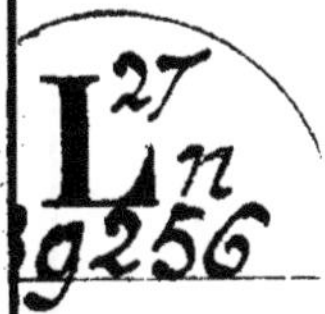

Jeanne d'Arc

A NANCY

et la Chronique de Lorraine

Tirage

à 225 exemplaires numérotés

et paraphés.

N°

LÉON MOUGENOT

Jeanne d'Arc

A NANCY

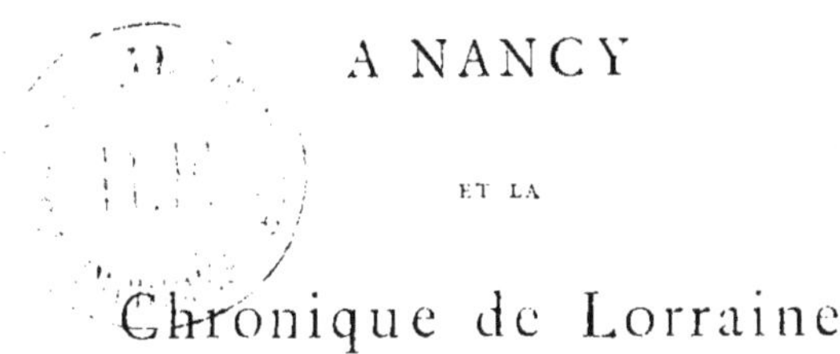

ET LA

Chronique de Lorraine

NANCY

IMPRIMERIE BERGER-LEVRAULT ET Cie

11, Rue Jean-Lamour, 11

1890

A

LA PRESSE NANCÉIENNE

Hommage cordial

d'un Vieux-Nancéien

L. Mougenot
Correspondant de la Société des Antiquaires
de France

Malzéville, *le 30 mai 1890*

La *Chronique de Lorraine* ne mérite pas d'être consultée comme témoignage historique sur Jeanne d'Arc.

(Jules Quicherat.)

PRÈS quelques tâtonnements qui n'étaient pas risibles, puisqu'ils témoignaient de beaucoup de bonne volonté, et les promenades de la *silhouette* de la statue de Jeanne d'Arc au milieu des contribuables, — qui n'auront à payer qu'un piédestal de granit rose, — on a pu passer, au palais municipal, à un vote réfléchi, et la consciencieuse statue de Frémiet a trouvé un gite convenable. C'est un bon cadre que la place La Fayette.

Logée ailleurs — isolément — cette statue, dont les dimensions ne dépassent pas l'échelle de la taille humaine, n'aurait pas produit l'effet décoratif et plastique qu'en attendaient quelques promeneurs, oublieux du monument parisien.

Oserai-je avouer que j'ai été, un moment, très anxieux ?

Quelques Nancéiens, s'attachant à des considérations archéologiques sans valeur, avaient prôné un vaste carrefour aujourd'hui mal délimité, — la place des Dames, — sans avoir gardé la moindre souvenance du grand courroux de Jeanne, quand elle apercevait certaines femmes. Chaste, elle haïssait la débauche, et c'est en poursuivant « une jeune ribaude » qu'elle brisa son épée de Fierbois.

D'autres Nancéiens, comme hypnotisés, avaient les yeux attachés à la place Saint-Jean, et faisaient, pour meubler ses squares, une tentative de décoration qui manquait d'harmonie ; ils ne tenaient aucun compte de la destination actuelle de l'ancienne église des Prémontrés.

Si je reviens, aujourd'hui, auprès du chevet de la basilique de Saint-Epvre, c'est que j'y suis appelé par une tâche urgente, — autant qu'ingrate — le désir de battre en brèche une légende erronée, en train de s'accréditer ici, grâce au zèle d'un petit groupe d'archéologues, pris dans la glu d'une vieille chronique. Ils n'ont pas encore rencontré de contradicteur, et c'est avec une chaleur communicative — puisqu'ils sont de bonne foi — qu'ils nous montrent Jeanne d'Arc courant une lance sur cette place des Dames, dénommée alors place du Château.

Ces archéologues, en étayant leur opinion sur un passage de la *Chronique de Lorraine,* semblent oublier que, lorsqu'elle parle de la Pucelle, cette chronique ne nous raconte que des fables absurdes. Au milieu d'un tissu de commérages ridicules, pourquoi nous faudrait-il donc — faisant un choix arbitraire — accepter comme véridique un seul épisode, celui de la lance courue par Jeanne sur une place de Nancy ? Cette résurrection est inquiétante et je m'insurge avec tous ceux qui n'admettent pas qu'on fasse entrer des contes de nourrice dans les matériaux d'une histoire. Je vais, sans perdre de temps, faire ma démonstration ; elle est d'autant plus nécessaire que nous sommes avertis de la pose prochaine d'une inscription lapidaire, en commémoration de cette chevauchée [1].

Voici le récit du chroniqueur :

« Quand ledict Badrecourt avec la fille à Nancey vient vers le duc Charles, ledict Badrecourt la présenta à duc, en luy disant comment elle désiroit d'estre vers le roy Charles por le remettre en France et chasser hors les Angloys. Le duc luy demanda se elle avoit ceste voluntey ? Elle respondit que oy. Monsieur, je vous promets que il me darge jà belcop que je n'y suis. Comment, dict le duc, tu ne portas uncques armes, ne à cheval ne fus !

« La fille respondit : quand elle auroit un harnoys que bon luy fust, que bien le pour-

---

1. J'ai été renseigné par l'*Est républicain* (numéro du 17 avril 1890). — Je ne pouvais pas hésiter à faire connaitre mes intentions au propriétaire qui « a promis de faire placer, sur son hôtel, une plaque de marbre commémorative ». Il a été gracieusement prévenu, le 8 mai courant.

teroit ; et que on me donne j cheval, dessus je monteray ; là verra on se je ne le sais guyder... Le duc luy donna harnoys et cheval, elle fut armée. Elle estoit légière : on admena le cheval, et des meilleur, tout sellé, bridé. En présence de tous, sans mettre le pied en l'estrier, dedans la selle se rua. On luy donna une lance ; elle vient en la place du chasteau ; elle la corut. Uncques homme d'arme mieulx ne la corut. Toute la noblesse esbahye estoit. On en feit le radport à duc ; bien cognut que elle avoit vertu. »

On saura bien quelle créance on peut accorder au récit de la *Chronique de Lorraine*, après avoir consulté des documents irrécusables : les dépositions des témoins oculaires entendus au *procès de réhabilitation* de Jeanne d'Arc. Et si le duc Charles n'a donné ni cheval, ni « harnoys » de guerre, la Pucelle n'a pu courir une lance devant les Nobles lorrains amassés, autour d'elle, sur la place du château.

Avant d'arriver à Nancy, Jeannette, lorsqu'elle n'allait pas à la charrue, n'avait tenu en ses mains qu'une quenouille, ou des cierges, et la pauvre et sainte fille a dû se présenter au duc — comme quelques jours après au dauphin — « avec grande humilité et simplicité ». Jeanne n'était pas une héroïne de la Fronde !

En contestant que le duc Charles ait pu donner un cheval à la Pucelle, je suis en désaccord non seulement avec ceux des Nancéiens qui ont foi dans la *Chronique*, mais encore avec quelques historiens dont la haute érudition n'est mise en doute par personne. Ces historiens se sont évidemment appuyés sur les témoignages de Jean Morel et de Louis de Martigny.

Le premier (un des quatre parrains de Jeannette) a déposé : « *J'ai ouï dire* que Monseigneur Charles, alors duc de Lorraine, voulut la voir et lui donna un cheval noir [1]. »

Le deuxième (demeurant près Neufchâteau) s'est exprimé ainsi : « *Il m'a été dit* que, quand elle voulut venir en France, elle alla trouver le bailli de Chaumont et puis le seigneur duc de Lorraine. Le seigneur duc lui donna un cheval et de l'argent [2]. »

1. V. Joseph Fabre, *Procès de réhabilitation de Jeanne d'Arc*, raconté et traduit d'après les textes latins officiels, t. I, p. 86.
2. V. le même, *ibid.*, t. I, p. 136.

Quelle créance puis-je ajouter à des témoignages qui procèdent par un « j'ai ouï dire » et par un « il m'a été dit » ? Quelle valeur, au contraire, ont les dépositions — si affirmatives — des témoins oculaires ! C'est en m'appuyant sur ces dépositions indéniables que je refuserai : 1° de me joindre aux historiens qui acceptent du duc de Lorraine le don d'un cheval ; que je refuserai : 2° d'accepter du même prince le don d'un « harnoys » de guerre ; que je refuserai : 3° de croire à la course de la place du château. Le cheval a été acheté et payé à Vaucouleurs ; là aussi, les vêtements d'homme et tout l'équipement de guerre. La chose est certaine. Alors on se trouve réduit à une étrange supposition : armée à Nancy, la Pucelle ne l'aurait été que le temps de courir une lance ; puis, après cette épreuve, invitée sommairement à quitter son « harnoys ». Cette conjecture, que je repousse absolument, ne ferait pas honneur au duc de Lorraine.

Je passe à l'audition des témoins oculaires :

1° Déposition de Durand Laxart (oncle de Jeanne) : « Une fois qu'elle vit que Robert de Baudricourt n'était pas disposé à la faire mener vers le dauphin, Jeannette prit des habits à moi et me dit qu'elle voulait partir. Elle partit, et je la conduisis jusqu'à Saint-Nicolas. De là, étant munie d'un sauf-conduit, elle fut amenée auprès du seigneur Charles, duc de Lorraine. Le duc la vit, lui parla et *lui donna quatre francs*, qu'elle me montra. Jeannette étant revenue à Vaucouleurs, les habitants de Vaucouleurs lui achetèrent des vêtements d'homme, des chaussures et tout un équipement de guerre. En même temps, Alain de Vaucouleurs et moi *nous lui achetâmes un cheval coûtant douze francs,* dont nous primes la dette à notre charge, mais que fit ensuite payer le sire de Baudricourt [1]. »

2° Dépositions des hôtes de Jeanne à Vaucouleurs. Henri Le Royer : « Quand Jeanne

1. V. Joseph Fabre, *Procès de réhabilitation de Jeanne d'Arc*, t. I, p. 119.

vint à notre maison, elle portait une robe rouge. On lui donna un vêtement d'homme, des chausses, tout un équipement, et, montée sur un cheval, elle fut conduite au lieu où était le dauphin [1]. »

Catherine, femme de Henri Le Royer : « Nous eûmes foi en elle. Aussi arriva-t-il qu'un certain Jacques Alain et Durand Laxart voulurent eux-mêmes la conduire. Ils la conduisirent jusqu'à Saint-Nicolas. Mais ils revinrent à Vaucouleurs, Jeanne leur ayant dit, à ce que j'ai appris, qu'il n'était pas honnête à elle de partir en telles conditions. Alors les habitants du village lui firent faire une tunique, des chausses, des guêtres, un éperon, une épée et tout un équipement. *Un cheval lui fut acheté par les gens de Vaucouleurs* [2]. »

3° Déposition de Jean de Metz, qui conduisit la Pucelle à Chinon : « Quand je vis Jeanne pour la première fois, lors de son arrivée à Vaucouleurs, elle portait une robe pauvre et usée,

1. V. Joseph Fabre, *Procès de réhabilitation de Jeanne d'Arc*, t. I, p. 120.
2. V. le même, *ibid.*, t. I, p. 123-124.

de couleur rouge... Je lui demandai si elle voulait faire chemin avec ses vêtements de femme. Elle me répondit : Je prendrai volontiers habit d'homme. Pour lors, je lui donnai les vêtements et la chaussure d'un de mes hommes. Ensuite, les gens de Vaucouleurs lui firent faire un costume d'homme, des chausses, des guêtres, tout l'équipement nécessaire, *et lui donnèrent un cheval qui coûta seize francs* ou à peu près. Sur ce, munie d'un sauf-conduit de Charles, duc de Lorraine, Jeanne alla parler à ce seigneur, et je l'accompagnai jusqu'à Toul. Elle ne tarda pas à rentrer à Vaucouleurs [1]. »

4° Déposition de Bertrand de Poulengy, l'autre guide de Jeanne dans le voyage de Chinon : « Après avoir été en pèlerinage à Saint-Nicolas, Jeanne alla trouver Monseigneur le duc de Lorraine, qui lui avait envoyé un sauf-conduit et voulait la voir. Elle revint ensuite à Vaucouleurs où elle habitait chez Henri Le Royer. Cependant Jean de Metz et moi nous fîmes tant, avec l'aide d'autres gens de Vaucouleurs, que Jeanne quitta

1. V. Joseph Fabre, *Procès de réhabilitation de Jeanne d'Arc*, t. I, p. 125 et 127.

ses vêtements de femme qui étaient de couleur rouge et que nous lui procurâmes une tunique et des vêtements d'homme, des éperons, des guêtres, une épée et tout ce qui s'en suit, *ainsi qu'un cheval*[1]. »

A ces témoignages, j'ajouterai deux autres documents qui, nous faisant connaître le motif qui a amené la Pucelle à Nancy, me confirmeront dans l'idée, qu'appelée au chevet d'un malade, Jeanne n'a pu être invitée et provoquée par lui à se donner en spectacle à la « noblesse esbahye ».

1° Marguerite La Touroulde, dont le logis a abrité la Pucelle à Bourges, a déposé au *procès de réhabilitation* : « Jeanne m'a raconté que le duc de Lorraine, qui était malade, voulut la voir. Ils eurent ensemble un entretien, où elle lui dit qu'il se gouvernait mal, et qu'oncques ne guéri-

1. V. Joseph Fabre, *Procès de réhabilitation de Jeanne d'Arc*, t. I, p. 132.

rait s'il ne s'amendait ; et elle l'exhorta à reprendre sa bonne épouse [1]. »

2° Jeanne d'Arc, emprisonnée à Rouen, a répondu dans son *deuxième interrogatoire public* à celui de ses juges qui lui demandait : « N'eûtes-vous point affaire avec le duc de Lorraine ? — Le duc de Lorraine manda qu'on me conduisit vers lui. J'y allai et lui dis : Je veux aller en France. Le duc m'interrogea sur la recouvrance de sa santé. Mais moi je lui dis que de cela je ne savais rien. » Et lorsque l'interrogateur reprend : « Parlâtes-vous beaucoup au duc de votre voyage ? » Jeanne répond : « Je lui en communiquai peu de chose. Toutefois je lui dis de me laisser son fils [2] et des gens pour me conduire en France, et que je prierais Dieu pour sa santé. J'étais allée au duc sous sauf-conduit. En le quittant, je revins à Vaucouleurs. » — L'interrogateur : « Quel était votre costume quand vous partites de Vaucouleurs ? » Jeanne : « A mon départ de Vaucouleurs j'étais en habit

1. V. Joseph Fabre, *Procès de réhabilitation de Jeanne d'Arc*, t. I, p. 293.
2. René d'Anjou, duc de Bar, qui avait épousé Isabelle de Lorraine.

d'homme; je portais une épée que m'avait donnée Robert de Baudricourt, sans autres armes[1]. »

Des réponses de cet *interrogatoire* et des dépositions empruntées au *procès de réhabilitation* se dégage très clairement cette déduction : c'est bien à Vaucouleurs que Jeannette a été munie de son premier « harnoys » de guerre, et pourvue de son premier cheval. A Nancy, le seigneur duc avait borné ses largesses à un don de « quatre francs ». Pourquoi aurait-il donné davantage à cette pucelle de Domrémy qui l'exhortait « à reprendre sa bonne épouse », la sage Marguerite de Bavière, délaissée pour la belle Alison du May? Pourquoi aurait-il donné davantage à cette bonne et simple villageoise, qui, — n'étant pas *sorcière*, — n'avait à lui vendre aucun philtre pour « la recouvrance de sa santé? »

1. V. Joseph Fabre, *Procès de condamnation de Jeanne d'Arc*, d'après les textes authentiques des procès-verbaux officiels. Traduction avec éclaircissements, p. 59.

Le cheval de Vaucouleurs coûta *seize francs,* a dit Jean de Metz; il avait été acheté par Alain et Durand Laxart, qui prirent la dette à leur charge, — *douze francs,* que fit ensuite payer Robert de Baudricourt. — La différence, *quatre francs,* n'est-ce pas la petite somme remise à la Pucelle par le duc? De là, à dire et à croire que Charles avait donné un cheval à Jeannette, il n'y avait pas beaucoup de chemin à faire.

En acceptant le récit de la *Chronique de Lorraine,* ceux des archéologues nancéiens dont je combats le sentiment, ne se doutent pas d'une chose, c'est qu'ils se rangeraient du côté du Tribunal qui a livré Jeanne d'Arc au supplice du feu. S'ils veulent bien consulter avec moi l'*acte d'accusation,* ils pourront lire ceci à l'article 8 : « Jeanne est allée à Neufchâteau en Lorraine, et là, pendant quelque temps, elle a été en service chez une hôtelière nommée *La Rousse,* dont l'auberge est hantée par maintes femmes de mauvaise vie et aussi le plus souvent par des gens de guerre. Jeanne tantôt se tenait avec lesdites femmes, tantôt menait les brebis aux champs et les chevaux à l'abreuvoir ou à la prairie. C'est pendant son séjour chez *La Rousse* qu'elle a appris à monter à cheval et à manier les armes. » — L'évêque (c'est Pierre Cauchon) : « Jeanne, qu'avez-vous à dire ? » — Jeanne : « Je nie tout ce qui vient d'être dit[1]. »

Jeannette avait « gardé quelquefois les bestiaux et les chevaux de son père[2] ». Elle a donc dû monter à poil, dès son enfance, les chevaux confiés à ses soins, Mais, c'est seulement avec Jean de Metz et Bertrand de Poulengy que la jeune fille, après avoir quitté sa « pauvre et usée robe de couleur rouge », a pu apprendre à faire une course, lance en main.

Je n'ai nulle confiance encore dans la *Chronique de Lorraine*, lorsqu'elle nous montre « devant ceux de Paris », qui y prenaient « grand plaisir », — *des Bourguignons!* — la Pucelle sachant « moult bien faire » danser et piaffer son cheval. C'était *faire les fringues.* Mais, je n'éprouve pas le moindre embarras, lorsque je

1. V. Joseph Fabre, *Procès de condamnation de Jeanne d'Arc*, p. 217.
2. V. le même, *Procès de réhabilitation*, t. I, p. 130.

relis la déposition de Jean, duc d'Alençon : « Le roi étant allé à la promenade, Jeanne fit en sa présence une course, lance en main. Ayant vu comme elle avait bonne mine à courir et porter la lance, je lui fis don d'un cheval[1]. » — Je ne puis oublier non plus ce passage de la déposition de Marguerite La Touroulde : « Jeanne montait à cheval et maniait la lance comme l'eût fait le meilleur chevalier. L'armée en était dans l'admiration[2]. » C'était deux mois après le sacre. Les leçons des deux gentilshommes du pays de Champagne avaient bien profité à la vierge de Domrémy.

Ah ! les curieuses trouvailles qu'on peut faire dans cette *Chronique de Lorraine,* lorsque son auteur parle des faits dont il n'a pas été le témoin oculaire ! Curieuses et absurdes ! et pour l'édification des Nancéiens qui tiendraient encore — contre toute vraisemblance — pour la che-

1. V. Joseph Fabre, *Procès de réhabilitation de Jeanne d'Arc,* t. I. p. 174.
2. V. le même, *ibid.,* t. I, p. 294.

vauchée de Jeannette sur la place du château, je vais les conduire, avec le chroniqueur, jusqu'au bûcher de Rouen. Je ne me perdrai pas en chemin.

Ce n'est pas seulement au duc Charles que le sire de Baudricourt présente la Pucelle, c'est encore au dauphin, et à Bourges !

De Chinon, rien ! et rien de Poitiers ! L'humble chapelle de Sainte-Catherine de Fierbois devient Notre-Dame de Chartres !

L'étendard de Jeanne d'Arc est inconnu au chroniqueur ; il nous la montre couchant sa lance en chargeant les Anglais. « Après son coup de lance, tira son espée ; des cops qu'elle donnoit, tous les mettoit à mort. Quand un homme d'arme atteindoit sur son heaulme, une paulme dedans se l'enfondroit. » Ai-je besoin de rappeler ce que Jeanne a dit dans son *quatrième interrogatoire public?* « C'était moi-même qui portais ma bannière, quand je chargeais les ennemis, pour éviter de tuer personne. Je n'ai jamais tué personne [1]. »

Après la délivrance d'Orléans, le chroniqueur

---

1. V. Joseph Fabre, *Procès de condamnation*, p. 88-89.

se plait à nous montrer la Pucelle « très-bien lousgiée, comme ce fust esté le roy. Ceulx d'Orléans des grands dons luy feirent. Chascun venoit en son lousgis ; elle avoit court ouverte. »

L'armée, après un jour de repos, chemine tout du long de la Loire, et arrive en Touraine. Des assauts furieux et de la prise de Jargeau, de la bataille de Patay et de la capture de Talbot, nulle trace dans le récit lorrain. « Tant chevaulchirent qu'ils viennent en guerre devant Bourdeaux (!). A bout de vj sepmaines, la Pucelle est entrée dedans. »

Autre siège lointain, celui de Bayonne ! Les Anglais « s'en sont allés tous... Ceulx de Paris, oyant ces victoires, ont mis hors les Angloys ; les remirent dedans tous por un jor, et ondict jor les remirent dehors. » (!)

« Paris conquesté », la Pucelle mande au roi qu'il vienne à Reims. « Le roy s'a préparé ; luy et ses gens on chemin s'ont mis, droict à Bourdeaux sont arrivés. » (!) Quel casse-tête chinois ! Mais l'université de Pont-à-Mousson n'était pas encore fondée, ni la société de géographie de M. Barbier...

« Le roy noblement a esté sacré... la Pucelle

véant tout adcompli a dict à roy : Or allons à Paris ; là vous serez couronné. » (!!!)

Réception du roi dans sa bonne ville. « Nouël ! vive le roy... Le lendemain tous les princes ont prins la couronne ; sur le chef du roi se luy ont mis. Se l'ont mené à Sainct-Denys. viij jours durant, joustes, tournoys et grands esbatemens dames et damoyselles faire danser, c'estoit grand plaisir. » — Grand plaisir ? non pas ! c'était grande peine et grande honte, et un sang généreux avait coulé à flots, près de la porte Saint-Honoré...

Les Anglais retirés en Normandie, la Pucelle arrive devant Dieppe ! Vaincus, les Anglais s'embarquent. Le comté d'Eu, Honfleur, Caen, Lisieux, Avranches, Alençon, « tout a conquesté. »

Jeanne, enfin, vient assiéger Rouen ! « Elle y feit faire grandes tranchiées, jusque sur les fossés. Ceulx de Rouan véant les efforts saillirent dehors ; grande escarmouche y eut. La Pucelle on milieu se bouta ; là fut perdue. On ne sceut qu'elle devient. Plusieurs disent que les Angloys se la feirent brusler. D'altres disent que alcuns de l'airmey la feirent morir por cause qu'elle adtribuoit tous les honneurs des faicts d'armes à elle. » Et comme le pauvre chroniqueur lorrain — crédule, mais honnête et loyal — ne se doute pas qu'un roi de France puisse être ingrat, il nous montre, pour clore ce récit des exploits de la Pucelle, le triste Charles VII « moult courroucié, quand sceut les nouvelles qu'elle estoit morte ; se vers luy fust esté admenée, moult honorablement l'eust faict en terre sainte enterrer, et luy eust faict une sépulture riche et honneste. »

Ces fables — bien que du terroir — ne sont prises au sérieux par personne, ici. Je n'ai pas davantage accepté, comme devant faire partie de mon *Credo* régional, la course de Jeannette, lance en main, sur la place du château de Nancy. Les dépositions entendues au *procès de réhabilitation* sont formelles, et de ces témoignages indéniables je n'ai à retenir, au cas particulier, que la confiance, le patriotisme et la générosité des bonnes gens de Vaucouleurs.

A Rouen, dans un de ses *interrogatoires pu-*

blics — le troisième — la Pucelle a pu dire : « C'est un dicton parmi les petits enfants que *quelquefois on est pendu pour avoir dit la vérité.* » Je prie ceux de mes concitoyens, qui ne me sauraient aucun gré d'avoir démoli (?) la légende de la chevauchée de 1429, de ne pas m'en garder rancune. Sans hésitation, de mon côté, je veux exprimer toute ma reconnaissance aux archéologues nancéiens, dont la *Chronique* est le bréviaire. Je leur dois d'avoir pu vivre, toute une semaine, à côté de Jeanne d'Arc.

Nancy, imp. Berger-Levrault et Cie.

www.ingramcontent.com/pod-product-compliance
Ingram Content Group UK Ltd.
Pitfield, Milton Keynes, MK11 3LW, UK
UKHW020525180726
13839UKWH00005B/2324

9 782329 434841